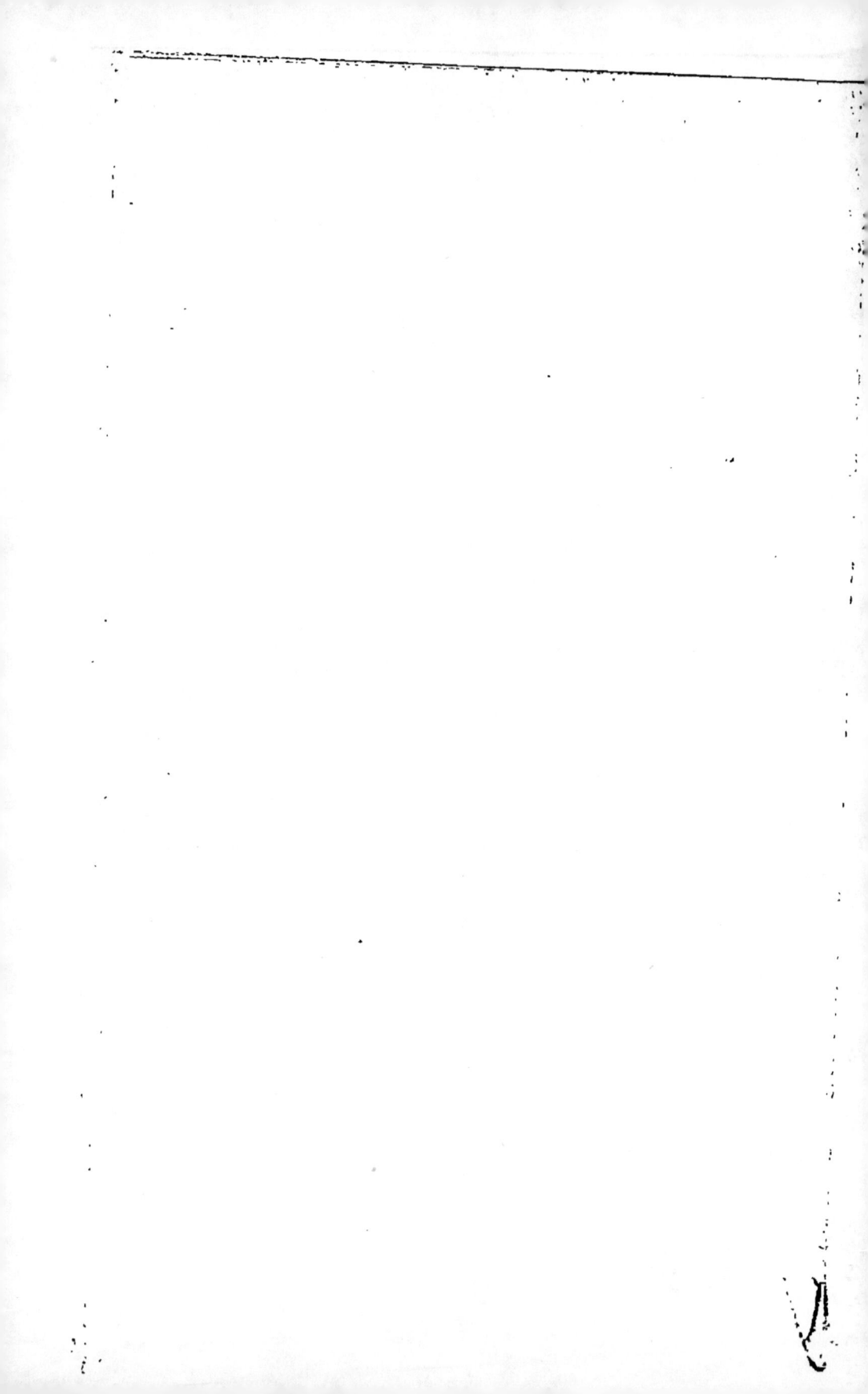

HALICARNASSE,

PRIENNE, PAPHOS

ET

LE MONT-ÉRIX.

y^2

AVIS

SUR

LES CONTRE-FACTIONS..

En conformité du Décret
du 19 Juillet 1793 (v. st.)(
deux exemplaires de ces Opuscules ont été remis à la Biblio-
thèque nationale : en consé-
quence, les contre-facteurs, s'ils
en survient, seront poursuivis..

HALICARNASSE,

PRIENNE, PAPHOS

ET

LE MONT-ÉRIX,

OPUSCULES POSTHUMES

DE

L'ABBÉ BARTHELEMY.

———

A PARIS,

Chez les Marchands de Nouveautés.

———

AN V.

LETTRE

DU M*** D*** C***
A L'ÉDITEUR.

JE vous envoie, *Monsieur*, les épisodes d'Halicarnasse et de Paphos, qui ont fait partie du premier manuscrit du *Voyage d'Anacharsis.* L'Auteur, en me communiquant son travail presqu'achevé, me prévint du dessein qu'il avoit de faire le sacrifice de ces deux morceaux

a 3

précieux. Je lui conseillai de les laisser dans l'Ouvrage ; mais sur l'insistance qu'il mit à leur suppression , je me hâtai de les copier. Je crois les lui devoir restituer aujourd'hui. J'espérois un jour les offrir moi-même à sa mémoire ; mais mon retour , dans ma chère patrie , ne paroît pas prochain. Je le laisse aux événemens , et je n'y compte plus. Profitez du commerce que vous avez avec la France ; veuillez m'acquitter envers les mânes d'un ami , et lui rendre cette portion d'amabilité dont il ne vouloit pas être embelli.

Je joins à ces paillettes du Pactole , un avertissement de ma façon. Vous en ferez justice entière , s'il est mauvais ; vous lui donnerez votre âme , s'il est médiocre ; s'il étoit propre à son objet , vous le recevrez comme un foible don de l'amitié.

M** D** C**

P. S. Quelques lambeaux sur Bias , sage de Prienne , quelques autres sur la Vénus du Mont-Érix , pourroient grossir le volume : voyez s'ils vous sont nécessaires ou utiles. Ces deux morceaux ne me paroissent

pas trop décousus , bien
qu'ils aient des lacunes ;
et puis , dans le fait , des
décousures de cette espèce
vaudront toujours leur
prix. Recevez de nouveau
le salut de l'amitié.

L'ÉDITEUR.

PARTOUT où le Voyage du jeune Anacharsis sera connu, on recherchera les charmantes épisodes que feu l'abbé Barthelemy en avoit retranché ; non pas qu'il n'ait eu des raisons pour le faire, mais parce que les lecteurs en ont bien d'autres pour désirer qu'elles leur soient restituées. Nous ne pouvions entreprendre de publier celles qui sont en notre pouvoir durant la vie, et contre le gré de l'Auteur. Mille cir-

constances , depuis son
décès , ont fait obstacle à
notre dessein. Aujourd'hui
que nous mettons la main
à cette œuvre , serons-nous
obligés de nous en justifier?
Il n'est pas un homme fami-
lier de feu l'abbé Barthelemy , qui ne sache que le
premier manuscrit de son
Voyage étoit plus étendu
que ne l'est l'ouvrage imprimé. Il n'est pas un lecteur
attentif qui ne reconnoisse,
dans l'imprimé , les lacunes
que les suppressions, rigou-
reusement opérées par l'auteur , y ont rendues évi-
dentes. A qui donc faudra-t-il

dra-t-il démontrer que l'ouvrage si beau d'Anacharsis
est pourtant incomplet ? La
classe aimable des lecteurs,
qui lisent seulement pour
lire, ne s'en est pas ap-
perçue ; mais pourtant si
les épisodes qu'on lui offre
font une autre source de
plaisir, ne pardonnera-t-elle
pas à l'Editeur, qui blâme
ici très-discrétement l'abbé
Barthelemy, pour le leur
avoir voulu diminuer ? A
peine nous soupçonnons
qu'il puisse rester des cen-
seurs à notre entreprise :
n'importe ; il faut dire comment et pourquoi nous

b

nous y sommes déterminés.

L'objet de l'abbé Barthelemy a été, selon lui, de mettre l'histoire en action et de s'y permettre des détails interdits à l'historien. Ces détails qui n'étoient souvent qu'indiqués par les auteurs anciens, ont rapport aux usages (1). *Ces rapports aux usages* nous semblent, à nous, bien autrement intéressans qu'un mot, qu'une maxime, qu'une répartie de tel ou tel homme célèbre. *L'usage*, chez un

_____

(1) Avertissement du Voyage d'Anacharsis, page 9.

peuple, est le mot, le génie, le caractère du peuple lui-même : or, on le sait, l'hitsoire d'un peuple est bien plus précieuse à recueillir que celle d'un homme. C'est en cela que nous différons d'avec l'abbé Barthelemy , qui s'applaudissoit de ce que, dans une révision , il avoit supprimé une grande partie des détails qui ont rapport aux usages ; ajoutant , ou par défiance ou par modestie , que peut-être il n'avoit pas poussé le sacrifice assez loin (2). Franchement, nous

(2) *Ibid.*

aurions mieux aimé qu'il sacrifiât le caractère de quelques personnages, et qu'il nous eût conservé, tels qu'il les avoit découverts, les usages et les caractères des peuples. Pour mieux dire, nous voudrions qu'il n'eût rien sacrifié ; mais il est trop certain, de son aveu même, que ce terrible sacrifice ne lui a rien coûté, et qu'il l'a fait aux dépens des lecteurs.

Si nous pouvions restituer tous les passages sacrifiés, et en indiquer les placemens et les diverses liaisons, la tâche ne seroit

pas peut - être sans agré-
ment, puisqu'elle feroit res-
sentir des beautés qui ne
sont qu'à peine entrevues,
faute d'un jour sur les
effets et sur les causes.
Nous devons nous borner
aux morceaux précieux que
nous avons préservés de
l'oubli.

Le premier est celui
d'Halicarnasse : il se rapporte au voyage entrepris
par Anacharsis sur les côtes
de l'Asie, et dans quelques-
unes des îles voisines (3).
Anacharsis en parle ainsi :

_____

(3) Chap. 72 du Voyage d'Anach.

La relation de ce voyage seroit d'une longueur excessive : je vais seulement extraire les articles qui m'ont paru convenir au plan général de cet Ouvrage. Or, l'on vient de voir que, dans le principe, les détails qui tenoient aux usages, étoient la seule cause de ces longueurs excessives, et que, dans une révision, l'Auteur en avoit fait le sacrifice. C'est ainsi qu'il a substitué un extrait au Voyage entier des côtes de l'Asie, qui étoit dans le premier plan. Ce sacrifice, d'après cette explication, ne peut être révoqué en doute.

D'ailleurs, les propos d'un certain Stratonicus, célèbre joueur de cithare , qui se trouvent enchassés dans ce même lieu, quoique relatifs à la Thrace et à la froidure qui y règne, ne permettent pas de croire que l'abbé Barthelemy voulût , dans ce voyage d'Asie , ne donner que ce qui étoit nécessaire et absolument inhérent à l'Asie elle - même. Il eut l'intention de supprimer certains usages (c'est tout.) Il conserva les propos , même divagans , de ses voyageurs.

Ici nous allons appercevoir des suppressions nombreuses, étonnantes et que nos épisodes sont loin de remplacer en entier.

En sortant de Smyrne, le jeune Anacharsis et les voyageurs qui le suivoient, dirigèrent leur route vers le midi. Outre les villes qui sont dans l'intérieur des terres, ils virent sur les bords de la mer, ou aux environs, Lébédos, Colophon, Ephèse, Prienne, Myus, Milet, Yazus, Myndus, Halicarnasse et Gnide; puis Anacharsis, reprenant son sujet, ne parle que d'Ephèse, Milet et Gnide.

Cependant, avant que de passer à Gnide, qui est en Doride, il fait le recensement des villes qu'il vient de quitter dans l'Ionie. A la tête de ce recensement on trouve Halicarnasse qu'il paroît avoir omis de décrire ; puis Colophon, dont il n'a parlé que par indication.

Ajouterons - nous que l'ordre du voyage étoit si bien de passer par toutes les villes préindiquées, que l'Auteur, après avoir dit, nous les vîmes, dit ensuite nous y sommes. Il décrit Éphèse, puis ajoute : nous voici à Milet. Dans le pre-

xxij

mier manuscrit il avoit suivi
les villes déjà citées ; dans
l'imprimé on a laissé des lacunes : on a supprimé tout
ce qui étoit dit de Lébédos,
Colophon, Prienne, Myus,
Yazus, Myndus, Halicar-
nasse, sept villes, où la
ligne de l'itinéraire, restée
sur la carte géographique
d'Anacharsis, indique qu'il
a en effet voyagé.

Nous offrons le morceau
d'Halicarnasse, dans lequel
il est parlé de Myndus. Ce
morceau conservé dans son
entier, fait à lui seul un
opuscule ; c'est une épisode
qui subsisteroit quand elle

n'eût jamais été rattachée à un plus long ouvrage. Nous pouvons y joindre le morceau de Prienne, dont le sage Bias est le premier personnage. Nous ne croyons pas impossible de recouvrer ce qui concerne les quatre autres villes.

Recherchons maintenant les causes qui ont déterminé l'abbé Barthelemy à cette suppression.

L'objet de son voyage étoit, comme on l'a vu, de mettre l'histoire en action ; mais ses mœurs et les rapports que lui donnoit sa profession, son opinion

sur les jouissances des sens,
l'engageoient à racourcir
ou effacer les tableaux qui
ajoutoient aux attraits de
la volupté. On pourroit
citer plusieurs exemples de
cette retenue, qui contraste
avec la jeunesse d'Ana-
charsis.

La ville de Milet et toutes
celles qui l'avoisinent, lui
offroient l'occasion de ré-
pandre toutes ses pensées
et de donner de l'âme à
ses affections. Ce jeune
Scythe, (Anacharsis) écha-
pe, malgré sa jeunesse, à
l'influence des sens et du
climat : il sent, dit-il, une
langueur

langueur délicieuse se glis-
ser dans ses membres ; puis
il en recherche, sans émo-
tion, les causes morales et
physiques (1). Que dut-t-il
faire dans Halicarnasse, où
les femmes les plus aga-
çantes et les fêtes de la
fontaine de Salmacis, n'ins-
piroient que la mollesse ,
l'abandon et la volupté?

Le climat étoit le même
qu'à Milet : il ne pouvoit
plus être question de le
décrire , mais les usages
différoient.

La ville de Gnide même

_____

(1) Voyages d'Anacharsis, chap. 72,

C

auroit sans doute été sup-
primée , si l'art de la scul-
pture n'y avoit offert le
chef-d'œuvre de Praxitelle :
car , sur le fait qui rend la
ville de Gnide célèbre ,
sur les usages en un mot ,
Anacharsis y a montré sa
trop grande discrétion :
Vénus ne s'y présente que
sous l'écorce du myrte ,
Daphné sous celle du lau-
rier , Cyparissus sous la
forme d'un autre arbre ;
l'amour n'est qu'un lierre
fléxible , fortement attaché
aux branches qu'il étreint ;
les Gnidiens , assis à un
repas champêtre , chantent

et versent fréquemment ,
dans leurs coupes , le vin
délicieux que produit cette
heureuse contrée (2). Aux
traits aimables dont Ana-
charsis a peint ailleurs les
danses et les parures des
femmes de Milet , on ap-
perçoit bien qu'il eût su
peindre les femmes d'Ha-
licarnasse et de Gnide.

Mais déjà l'Auteur char-
mant de cet Ouvrage avoit
lui - même blâmé Solon le
législateur d'Athènes , *d'a-
voir quelquefois hazardé sur la*

---

[2] Voyages d'Anacharsis , Introduc.
page 68.

volupté des maximes peu dignes
d'un philosophe; quoique, selon lui , ce législateur ne
se *destinât qu'à la jouis-*
sance des arts et des plaisirs
honnêtes (3). L'abbé Barthelemy vouloit , dans les
mœurs de l'homme public,
une austérité prononcée ,
dont il s'imposoit aussi le
devoir sous plusieurs rapports.

Or, quel étoit l'amour dont
Anacharsis auroit écrit les
détails dans Halicarnasse
et dans toute l'Ionie , s'il
avoit voulu nous en trans-

---

(3) *Ibid.* Troisième partie.

mettre les usages ? Voici l'idée qu'en donne lui-même Anacharsis, dans son Introduction : « l'amour, qui auparavant se couvroit des voiles de l'hymen et de la pudeur, brûla ouvertement de feux illégitimes. Les courtisanes se multiplièrent dans l'Attique et dans toute la Grèce ; il en vint de l'*Ionie*, de ce beau climat où l'art de la volupté a pris naissance.... La célèbre Aspasie, née à Milet en Ionie..., successivement maîtresse et épouse de Périclès..., osa former une société de courtisanes dont les attraits et les faveurs devoient attacher les jeunes Athéniens aux intérêts de leur fondatrice.... Ce projet excita quelques murmures ; les poëtes comiques se déchaînèrent contre Aspasie ; mais elle n'en rassembla pas moins, dans sa maison, la meilleure compagnie d'Athènes (1). »

Et ailleurs : « ils ont ajouté de nouveaux attraits à la volupté, et leur luxe s'est enrichi de leurs découvertes. » Voilà les usages , les attraits, les vo-

---

[1] Introduction, troisième partie.

luptés nouvelles, le luxe et les détails que, dans une révision, la censure de l'abbé Barthelemy ne pouvoit laisser en contraste avec cette sévérité de mœurs, dont il faisoit un précepte aux autres, et dont il étoit la règle.

Mais son manuscrit avoit été communiqué sur le premier jet, et cet écrivain aimable y avoit peint les mœurs des voluptueux Ioniens avec décence, sans doute, mais sous les couleurs qui leur étoient propres : il en avoit fait l'histoire.

D'ailleurs, l'origine et les usages d'Halicarnasse ne pouvoient être omis, si l'on considère l'importance de cette ville. D'abord, le voyageur en fait la désignation au rang des villes qu'il doit décrire. Plus loin, il la cite comme la patrie d'Hérodote. Ailleurs encore, il en parle à l'occasion de cette célèbre Arthémise qui en étoit la reine, et qui fut un des plus vaillans et des plus sages généraux de Xerxès, lors de son invasion dans la Grèce.

Au reste, il ne sert à rien ici de prouver ; on reconnoîtra facilement l'abbé Barthelemy dans l'épisode d'Halicarnasse, que nous restituons aux belles-lettres.

De plus, on ne sera pas fâché de voir la manière de cet Auteur sur des objets qu'il vouloit dérober au public. C'est la pudeur qui se voile, et dont on aime l'embarras ; c'est le secret d'une âme paisible qui s'exhale dans une retraite où elle se croit seule et ignorée.

Quant au morceau de Prienne ou de Bias, l'abbé Barthelemy avoit cru le devoir supprimer, à raison

de l'époque à laquelle il se
rapporte, antérieure et trop
éloignée de son Anachar-
sis : de plus, il se blâmoit
d'avoir rappelé le vrai Anacharsis à côté de celui qu'il
supposoit exister quatre siècles plus tard. La généa-
logie à établir n'étoit pas
chose aisée ; et la ressem-
blance des noms et des caractères ne servoit pas à
la beauté du Roman.

La seconde Fondation de
Paphos est une autre épi-
sode qu'un motif de plus
avoit fait supprimer. Pygmalion et sa statue qui en
sont les objets , avoient

été apperçus par ce célèbre Jean-Jacques Rousseau, sur les pas duquel il étoit dangereux d'entrer dans la carrière : la modestie même de l'abbé Barthelemy hâtoit le sacrifice de ce morceau exposé à un si terrible concours.

Cependant, nous ne croyons pas nuire à l'Auteur d'Anacharsis, en l'exposant à ce parallelle. Un autre objet se présentoit à lui ; il a dû saisir d'autres nuances ; il a vu d'autres faces : mais la statue, sous son ciseau, est—elle belle encore ? Son génie lui donne-t-il une autre vie, une autre âme ? nous n'en saurions douter ; et si Pygmalion n'empêcha pas Rousseau d'être créateur, ce dernier n'empêchera pas Barthelemy d'avoir renouvellé cette création à son tour.

Il n'y a rien de particulier à ajouter ici sur le Mont-Érix.

L'épisode d'Halicarnasse doit se placer au chap. 72 du Voyage d'Anacharsis, après la description de Milet, à la suite de ces mots : *les amans malheureux vont adresser leurs vœux aux mânes*

de

de Léonthicus et de Rhadine.

Le paragraphe qui suit dans les éditions connues, n'est qu'une suite de l'épisode d'Halicarnasse. C'est un épilogue : on y résume quelques traits qui restoient à jeter sur les contrées de l'Ionie, d'où les voyageurs étoient prêts à sortir pour entrer à Gnide dans la Doride, autrement l'ancienne Carie.

L'article de Bias, ou de Prienne, doit se placer au même chap. 72 du Voyage, entre Éphèse et Milet, sans aucun autre changement.

L'épisode de Paphos n'a

d

pas conservé aussi bien sa place dans l'imprimé : l'abbé Barthelemy a cru y devoir substituer un paragraphe, qu'il avoue lui-même ne pas entrer dans l'objet de l'ouvrage, mais qui a nécessité quelques variantes dans ce qui précède. C'est au chap. 73, presque à la fin de sa relation sur l'île de Rhodes. Anacharsis en y parlant de Parrhasius et de son tableau d'Hercule, ajoute ces mots :

« D'autres ouvrages du même artiste excitoient l'émulation d'un jeune homme de *Caunus*, que nous *connûmes* et qui se nommoit *Protogène*. »

Il faut supprimer ces mots, *que nous connûmes* ; puis tout ce qui est après Protogène, jusqu'à l'article de l'île de Crête, c'est-à-dire, une page entière, et lire comme suit :

« D'autres ouvrages du même artiste (Parrhasius) excitoient l'émulation d'un jeune homme de Caunus, qui se nommoit Protogène. Il arrivoit depuis peu de l'île de Cypre, qui n'est pas fort éloignée de celle de Rhodes ; il y avoit étudié les modèles de Pygmalion, dont il étoit l'admirateur. Nous lui demandâmes ce qu'il y avoit de vrai dans l'histoire de ce célèbre artiste et de sa statue , autrefois divinisée par les habitans de Paphos: voici ce qu'il nous en raconta. »

XL

Suivra l'article de Paphos , tel que nous le donnons dans cette courte brochure.

La description du Mont-Erix , enfin , se place de lui-même au chapitre 60 du Voyage imprimé : c'est là seulement qu'il est parlé de la Sicile.

ORIGINE

DE

LA VOLUPTUEUSE

HALICARNASSE.

A

SOMMAIRE.

———

Origine d'Halicarnasse, ses Fêtes, ses Voluptés : principes du Gouvernement qui les autorise.

———

ORIGINE

DE

LA VOLUPTUEUSE

HALICARNASSE.

MILET a, dans Halicarnasse, une puissante rivale. Nous y dirigeâmes notre route, de compagnie avec un Milésien qui alloit participer aux fêtes prochaines, et qui s'empressa de nous satisfaire sur les origines du pays.

« Vous connoissez « nous dit-il » la Trézène de l'Argolique, dans le Péloponèse ; Ætius, fils et neveu de deux rois de cette ville, convoitoit le trône : voyant que de long-tems il ne pouvoit s'y asseoir, à moins d'employer la violence et de courir les hazards d'une guerre civile , il prit le parti de se mettre en mer à la tête d'une troupe de jeunes gens oisifs , et de tenter quelque grande aventure. Ils débarquèrent sur les côtes de l'Asie , aux confins de l'Ionie et de la Carie. D'abord, ils jettent les fondemens d'une cité peu considérable , qu'ils appèlent Trézène , du nom de leur mère patrie. »

« Une autre petite colonie grecque, venue d'Argos , en faisoit autant de son côté , et bâtissoit, non loin de là, Myndus , (1) bourgade qui fit place, bientôt apres , à une ville plus forte, connue sous le nom de Cyndia , où l'on voit maintenant un temple dédié à Diane. »

---

(1) Ou Myndia.

« Des Myndiens et des Trézéniens qui alloient à la découverte, aux environs de leur nouveau territoire, se rencontrèrent dans un isthme, entre les golphes appelés Césamis et Issiques. Cette péninsule est, peut-être, l'endroit le plus attrayant, le plus voluptueux de tous les parages de la mer Ægée. Elle doit tant de charmes à une fontaine délicieuse, nommée Salmacis, qui peut être mise en comparaison avec le Méandre, dont s'embellissent les campagnes de Milet. Abritée par des collines, qui sont recouvertes elles - mêmes par des hautes montagnes, l'haleine seule des zéphyrs y soufle dans toutes les saisons.»

« Nos deux bandes d'aventuriers, rapprochés par le hazard, puis unis par les mêmes affections, se déterminent

à former un établissement dans ce beau
site : ils le nomment Zéphyria. On
ne sait trop comment , ni à quelle
époque certaine , le nom d'Halicarnasse fut ensuite donné à cette même
ville. »

« Zéphyria , ce nom appartint d'a-
bord à toute la péninsule, Zéphyria ne
paroissoit pas avoir été habitée : seulement les hauteurs les plus cachées
derrière les collines, entre les sommets
aigus des montagnes , étoient parse-
mées de quelques hommes timides ,
qui ne descendoient qu'en tremblant
vers les rivages de la mer , à cause
des invasions qu'y rendoient très-
fréquentes la facilité de l'abordage et
la multitude des essaims qui , de toute
la Grèce , cherchoient à établir des
colonies. Ces montagnards se conten-
toient de venir passer quelques heures

de plaisir aux alentours de la fontaine :
au premier bruit qui venoit de la côte,
tout-à-coup ils fuyoient, comme des
sauvages, dans leurs demeures élevées
et rustiques. »

« Nos étrangers témoins, dès les
premiers jours, de l'épouvante dont ils
étoient la cause involontaire, apper-
çurent, au nombre des fuyards, une
assez grande quantité de femmes,
pour la plupart très-jolies : eux-
mêmes n'avoient point associé de
compagnes à leurs aventures. Mais
comment en obtenir des naturels,
qui d'abord, alarmés de leur voisinage,
ne se hazardoient plus hors de leurs
retraites écartées, et restoient enfer-
més sur leurs montagnes ? Pour les
attirer, pour leur inspirer quelque
confiance, voici ce qu'imaginèrent
les Zéphyriens. »

« Ils commencent par élever un temple, le plus superbe qu'ils peuvent, dans les premiers jours d'un établissement. La nature des lieux les favorisoit déjà beaucoup. Ils font savoir sur la montagne que leur présence dans le pays, et le séjour qu'ils y font, sont l'acquittement d'un vœu solemnel à Cypris. Ils invitent leurs voisins, et surtout les femmes, d'assister à la fête qu'ils se proposent de célébrer à plusieurs reprises. Ils préviennent qu'un hospice amical, vaste et bien pourvu, est préparé à recevoir tous ceux qui voudront prendre part à ce grand acte religieux. »

« Les femmes qui souffroient le plus d'être privées de la fontaine, aiguillonnées d'ailleurs par cette active curiosité qu'on leur connoît, décidèrent leurs maris ; les mères y con-

duisent leurs filles. Tous furent accueillis avec transport ; leurs offrandes agréées, quoique de peu de
valeur. C'étoient des couronnes, des
fruits, et quelques paires de colombes
blanches et sans taches. »

« Les fondateurs de Zéphyria ne
manquèrent pas d'étaler aux yeux de
leurs hôtes tous les objets capables
de les éblouir, et de leur faire désirer
la continuité de leur voisinage. Des
tables furent dressées et abondamment
servies : on vida sans mesure les
outres de vin ; puis on ouvrit des
danses, d'abord compassées et mystérieuses, qui devinrent ensuite géné-
rales, et se répandirent de l'autel de
Cypris jusqu'au dehors du temple,
et sur les deux bords de la délicieuse
fontaine. Les Grecs, venus d'Argos,
marièrent, avec adresse, le son de

leurs instrumens de musique aux pipeaux rustiques des montagnards de la Carie ; et le soir, fort tard, on se quitta, satisfait de part et d'autre, avec promesse de se réunir pour ne pas se quitter une autre fois si vîte. »

« A un jour prochain, les chefs parlèrent de se rapprocher, de resserrer les liens de l'amitié, de ne pas rompre, après l'accomplissement du vœu à la déesse Cypris, un si agréable voisinage, et de ne plus faire qu'une seule nation. Bientôt un commerce régulier d'échanges acheva, dans la péninsule et dans les montagnes qui la cernent, cette révolution paisible : l'union fut jurée sous la garantie de Mercure, auquel on éleva un temple. »

« Les Grecs industrieux, pratiquèrent en même-tems des abris commodes de verdure sur les bords de la fon-

taine , où ils attirèrent les filles de
la montagne , qui ne surent leur op‑
poser qu'une foible résistance. Ces
liaisons fugitives se multiplièrent et
ne furent point stériles : une abon‑
dante population en fut le résultat. »

« Mais ces nouvelles générations
outrèrent les mœurs de leurs parens :
le vœu de la nature fut dépassé. La
mollesse des Milésiens, que je vous ai
entendu blâmer « continua l'habitant
de Milet » n'est rien auprès de celle
des citoyens d'Halicarnasse, descendus
des Zéphyriens. Cette ville , à peine
devenue populeuse , fut un lieu de
prostitution publique et générale : on
y afflue pour y sacrifier, non plus à
Cypris , mais à la débauche. »

«Les Halicarnassiens,à qui les étran‑
gers hazardent quelques reproches ,
leur répondent : *Que voulez-vous? ce*

n'est pas sans motifs que nous avons appelé cette fontaine, Salmacis; ce nom devroit servir aux étrangers d'avertissement : ses eaux ont la propriété de porter à l'amour ; on ne peut en boire sans devenir pétulant et lascif. Vous n'avez pu vous défendre d'en venir faire l'épreuve; devions-nous vous en interdire l'approche? c'eût été blesser les devoirs de l'hospitalité. »

« La vérité est, continua le Milésien, que la fontaine délicieuse se conserve toujours aussi fraîche, aussi pure et la même qu'elle étoit quand, avant l'arrivée des Grecs, les naturels du pays venoient s'y désaltérer. Elle n'a point les vertus qu'on lui suppose ; ses eaux continuent d'être saines ; mais ses bords, ses abris de verdure, les berceaux qui couvrent en mille formes son voisinage , sont devenus conta-

gieux

gieux, non par l'air qu'on y respire,
mais par l'exemple qu'on y donne de
tous les vices. D'ailleurs, cette ville
considérable et puissante, malgré sa
corruption, a plusieurs bons ports,
dont l'un est fermé : elle a bâti une
forteresse dans l'île Orcenosos. »

Ici le voyageur finit son récit sur
Halicarnasse ; et, comme nous ap-
prochions de la ville, il prit congé
de nous. C'étoit le jour d'une grande
solemnité à Vénus, vers le soir. Les
plaisirs auxquels un tel jour sert de
prétexte n'étoient pas finis ; on nous
prévint que nous ne pouvions rester
plusieurs du même sexe ensemble.
Selon l'usage, chaque homme se cher-
choit une compagne. Les voyageurs
qui me suivoient obéirent à cette
leçon. Je restai seul, sans pouvoir
fixer mon choix entre toutes les cour-

B

tisanes qui s'offroient sur la route de cette fameuse fontaine de Salmacis. La multitude des deux sexes, qui la fréquente, parut fort étonnée de m'y voir seul.

Je ne connois point, dans toutes les contrées de la Grèce que j'ai parcourues, aucun site plus agréable, en effet, que celui de cette source vive et limpide. J'en voulus goûter les eaux, malgré qu'une voix me crioit : « étranger, cette onde est un poison lent ; abstiens − toi d'en approcher tes lèvres pures ; tu ne t'en retournerois pas comme tu es venu ; la nymphe Salmacis, semblable à l'insecte d'Arachné, prépare au fond de cette fontaine un piège aux imprudens : elle te métamorphoseroit : rappèles − toi l'aventure du jeune Hermaphrodite, le fils de Mercure et de Vénus ; comme lui, par un charme attaché à ces lieux, tu te trouverois n'être ni homme ni femme. »

Je répondis au conseil de cette voix insidieuse : « je ne crains pas ce danger : on ne court de risque ici que quand on est deux. »

En effet, le péril n'étoit pas sur cette onde fraîche et mobile, mais pour y arriver. Il falloit suivre d'étroits sentiers dans la verdure, au long desquels on avoit pratiqué, à la manière des premiers Zéphyriens, (quand ils voulurent attirer les filles de la montagne,) des grottes mystérieuses et sombres, habitées chacune par autant de Salmacis. C'étoient de jeunes Halicarnassiennes entretenues, par le gouvernement, pour professer en public l'art de jouir des sens : demi-couchées sur des tapis de gazon et de fleurs, vêtues, autant qu'il le falloit, pour donner des désirs sans les satisfaire, elles tendoient leurs bras ouverts à tous ceux qui visitoient ce terrestre Élisée.

J'osai parcourir ces bosquets dangereux. Je n'entendis sur mon passage que de molles chansons et de tendres soupirs. Une guirlande de roses servoit d'avertissement, et interdisoit l'entrée dans celles des grottes où déjà l'on invoquoit Vénus. Sur le soir, les femmes de la ville s'y rendoient les premières et voilées. Par une loi, il étoit défendu aux maris et aux parens de s'opposer aux courses nocturnes de leurs compagnes, ou de leurs parentes, dans les grottes de Salmacis ; mais ce décret des magistrats n'étoit invoqué ni enfreint par personne : les efféminés, les dissolus

habitans d'Halicarnasse consentoient
à ce commerce infâme ; beaucoup
d'eux s'y prêtoient , plusieurs en fai-
soient une injonction expresse à leurs
femmes et à leurs filles , quand elles
avoient le talent de faire valoir leurs
appas , et d'en retirer un honteux
intérêt. Le prix de ce trafic éhonté
servoit au luxe domestique , et dé-
frayoit une table délicatement ap-
prêtée.

Indigné de tout ce qui frappoit mes
yeux et mes oreilles , ému déjà , plus
que je n'aurois voulu l'être , par ces
exemples d'abandon , de lasciveté et
de débauche , je me retirois dans l'hôtellerie où je devois passer la nuit.
Les hôtelleries sont placées entre les
portes de la ville et la fontaine , au
long d'un ruisseau que cette source
d'eau vive alimente; elles sont pour-

vues, elles aussi, d'un certain nombre
de grottes, où elles entretiennent, à
l'exemple du gouvernement , des
Salmacis. C'est là , dit - on , que se
placent les plus renommées par la per-
fection des formes , par l'attrait des
séductions et le rafinement des jeux
variés de l'amour.

Je traversois cette avenue dange-
reuse : un bruit se fait entendre:
j'écoute. Deux personnes se prodi-
guoient des reproches, mais d'une
nature différente de ces propos lascifs
et agaçans que j'avois ouï jusqu'alors.
C'étoit, dans une grotte, un père et sa
fille qui se reconnoissoient. Ils venoient chercher là d'autres caresses
que celles de l'amour paternel et de
la piété filiale. Ils s'accabloient de
vérités amères ; ils alloient en venir
aux mauvais traitemens ; déjà le

père, entraînant violemment sa fille,
rompoit, sans la voir, la guirlande
de roses, qui fermoit l'entrée de la
grotte.

A cette rumeur, un magistrat, en
cheveux blancs, s'avance, et, au nom
de la loi, sépare la fille des mains de
son père, en ajoutant : « ce territoire,
consacré par le ruisseau de Salmacis et
par le voisinage du temple de Vénus,
rend les sexes égaux et indépendans. »
Puis, en parlant au père : « ta fille
ici ne t'appartient pas : je t'ordonne
de la laisser maîtresse de te suivre
ou de rester. » Il fallut obéir : le père
s'en retourna seul, et le magistrat en
cheveux blancs, chargé pour cette
heure de l'inspection de ces lieux,
continua gravement sa visite.

J'étois outré de ce dernier trait.
J'aborde ce magistrat : « Vieillard !

excuse un étranger ; mais , comment peut – on exercer , sans rougir , un pareil ministère ? Est – ce ainsi que les droits sacrés de la nature et les saintes mœurs sont outragés dans Halicarnasse ? »

« Jeune homme , me répondit-il , rends grace à ta qualité d'étranger ; mais apprends à respecter , où tu es , les usages reçus , quels qu'ils soient. »

— « Étranger ou non , je dois mon indignation au vice , dans quelque lieu que je le rencontre. »

Le magistrat : « Jeune homme fougueux ! je veux bien excuser ton inexpérience et t'instruire. Tu n'es pas certain de t'adresser toujours à des hommes publics aussi modérés que ceux de la voluptueuse Halicarnasse : ils aiment à expliquer des lois qu'ils désirent de faire aimer. Écoute : » et cependant, nous traversions, en poursuivant ces propos, l'avenue qui conduisoit à mon hôtellerie. La foule curieuse qui s'étoit jointe à nous, les questions des survenans, les redites des premiers témoins de notre colloque, l'intérêt du moment enfin, me sauvèrent des dangereuses séductions qu'au retour du temple de Vénus et de la fontaine sacrée, avec un cœur inquiet et des sens émus, je pouvois appréhender, dans le sentier solitaire que bordoient les plus agaçantes Salmacis.

Le magistrat continua ainsi : « Tu sais, peut-être, que cette ville est une colonie grecque. Une fois qu'ils furent installés sur cette plage, nos prédécesseurs, pour y vivre et former des unions, (car ils étoient arrivés

sans y mener de femmes) n'avoient
à choisir qu'entre deux partis ; ou
la piraterie sur les mers, jointe aux
courses et aux brigandages sur ces
montagnes ; ou l'espèce d'institution
dont tu es le témoin. Ayant pour al-
ternative, aux premiers jours de leur
jeunesse, la guerre injuste ou les
plaisirs, ils se sont déterminés pour
ceux-ci. C'étoit, peut-être, une suite
de l'éducation qu'ils avoient reçue,
avant que l'ambition d'un chef les
engageât à s'expatrier. Un sentiment
religieux, l'amour de la patrie, que
les colonies ne perdent jamais, pouvoit aider à leur option. Consacrer
leur nouvelle patrie à Vénus, c'étoit
un hommage rendu à la Vénus-Aphro-
disias, qui fut originairement la pro-
tectrice de Trézène, et lui donna son
premier nom. »

«Ainsi, au lieu de nous faire craindre et de chasser d'autour de nous nos voisins, nous avons trouvé, à l'aide des Dieux, le secret de les faire venir à nous, de leur offrir des grottes délicieuses, et de les fixer avec joie sur notre territoire. »

« Presque toutes les autres colonies ont porté la terreur à leur arrivée dans un pays. Elles ont versé le sang et jonché la terre de cadavres. Nos ancêtres, au contraire, y portèrent les danses, les festins et le doux repos : sans s'affoiblir, ils doublèrent, en moins d'une année, la population. Nous, fidèles au culte de Vénus, établi si favorablement par nos pères, nous nous soutenons dans l'éclat ; recherchés avec empressement par les peuples les plus éloignés, aimés

de nos voisins , nous sommes sans
envieux et sans rivaux. Si c'est un
crime , la nature en est complice :
car c'est elle qui nous offre ici de
belles fontaines , de belles fleurs , de
belles femmes. »

« C'est par ces doux moyens , et
sans aucune ombre de contrainte ni
de vexation , que nous rendons tribu-
taires presque toutes les provinces
de l'Asie. Les étrangers viennent
échanger le superflu de leurs richesses
pour les plaisirs que nos sages institutions leur procurent. Jeune homme,
sans doute tout récemment sorti des
écoles de Bias (1) et de Thalès, (2)
dis-moi , sais-tu une politique plus

_____

(1) Sage de Prienne.
(2) Sage de Mil.t.

humaine

humaine, plus innocente, et qui ait mieux réussi jamais ? »

Je l'interrompis brusquement : « Plus innocente ! m'écriai-je ; la prostitution la plus scandaleuse ! est-il lâcheté plus criminelle que celle des citoyens spéculans, de l'aveu du gouvernement, sur le produit du déshonneur de leurs épouses, de leurs sœurs, de leurs filles, et tendans aux voyageurs des pièges infamans ! »

« La rigidité de la morale de tes maîtres, « reprit le magistrat, » ne s'accommode pas à de telles mœurs : cependant, entre plusieurs maux politiques, nous avons choisi le moindre. Aimerois-tu mieux nous voir les bras teints du sang de nos voisins, menacer tous les étrangers, te menacer

C

toi-même de servitude ou de mort,
et finir par nous entre-dévorer ? Nous
préférons d'offrir amitié à tous les
hommes, et de nous conserver nous-
mêmes par des moyens tout-naturels.

« Mais « lui repartis-je » l'agriculture
vous offroit une ressource honnête et
abondante ; il eût été beau à vos ancêtres de légitimer leur prise de pos-
session sur ce territoire, en décuplant
le produit des terres vagues dont ils
se sont emparés. »

« Jeune homme « s'écria le magistrat » jeune homme ! que tu connois
peu les autres hommes : parle donc de
défrichemens et de travaux sédentaires
à des aventuriers qui sortent d'une
contrée où déjà la contagion du luxe
a fait des progrès ? *De tous les fon-*

flateurs des villes, de tous les légis-
lateurs, ceux que tu blâmes sont,
crois-moi, les moins blàmables : tous
ont employé la violence et le charlata-
nisme ; aucun d'eux, avant nos pères,
n'avoit songé à ne faire usage que du
plaisir des sens pour civiliser une
nation. Ce plaisir, que n'institua pas
sans dessein la nature, n'est pas seulement le consolateur, il est encore
le véritable père des sociétés. C'est
assez te parler de nos lois, jeune
homme ; poursuis ta route, vas t'instruire dans l'île de Cypre, tu en as
besoin. »

Je crus, en effet, qu'il étoit prudent
de quitter cette ville, sans attendre
un second avertissement.

Je retrouvai mes compagnons de
voyage à l'hôtellerie, et leur racontai

C 2

ce qui m'étoit arrivé, tandis qu'ils avoient éprouvé diversement, avec d'aimables courtisanes, les eaux périlleuses de Salmacis.

De l'Ionie, proprement dite, nous passâmes dans la Carie, etc.

FIN DE L'ORIGINE DE LA VOLUPTUEUSE HALICARNASSE.

BIAS,

DE PRIENNE,

L'UN

DES SEPT SAGES.

SOMMAIRE.

Guerre de Prienne contre
les Samiens. Hommage que
deux Messaniennes rendent
à Bias aux portes de cette
ville. Son systême sur le
bonheur. Son discours sur
la calomnie. La Grèce pro-
clame les sept Sages. Le roi
Périandre leur donne un
banquet. L'aïeul d'Ana-
charsis y est admis. Propos
de table. Inutilité des leçons
que reçut Périandre dans
ce banquet. Visite des sept
Sages aux prêtres de Del-
phes, et leurs sentences
dans le temple d'Apollon.

BIAS,
DE PRIENNE,
L'UN
DES SEPT SAGES.

Nous sommes à Prienne, (1) ville maritime et colonie de Thèbes. Cette cité spacieuse a deux ports, dont l'un est fermé. Le Méandre coule dans son voisinage. Elle est bâtie presque au pied du Mycale, montagne à deux sommets. Le bras de mer qui la sépare de l'île de Samos, peut s'évaluer à sept stades ; et ce voisinage fut jadis fatal à Prienne.

(1) A présent *Palatia*, selon Maringer ; selon d'autres, *Samson*, près de la montagne du même nom, dans la Natolie occidentale.

La dissension anima les deux peuples
l'un contre l'autre ; en un seul combat,
les Samiens firent mordre la poussière
à mille Priennois ; mais le sage Bias
sut bientôt les réconcilier (2).

Il m'arriva souvent, dans le cours
de mes voyages, de m'arrêter à la
porte des villes, et de m'enquérir des
leur état, avant que d'y entrer. Arrivé
devant Prienne, j'étois assis sur la
grande route, à vingt pas de la prin—
cipale porte. Deux jeunes filles en
sortoient, donnant l'une et l'autre le
bras à un jeune homme, et suivies de
plusieurs serviteurs des deux sexes.
Je vis tout ce monde s'arrêter devant
la porte de Prienne. Je m'approchai,
croyant qu'il s'agissoit de quelques
cérémonies locales. Une des jeunes

_____

(2) *Plutarq.* Quest. grecq. XX.

filles , celle qui me parut la plus jeune,
attacha à la muraille une guirlande
d'*immortelles* , pendant que l'aînée pro-
nonça ces paroles : « nous te saluons
heureuse cité ! il est des villes plus
opulentes en trésors de toute espèce ,
il n'en est point de plus riches en
vertus. La justice , mal venue presque
partout ailleurs , s'est réfugiée à
Prienne. L'infortune y est accueillie ,
et l'innocence respectée. Bias , qui lui
donna la paix avec les Samiens , y
jeta les semences de toutes les vertus ;
il y donna un second père à de jeunes
filles comme nous , que la fortune
cruelle avoit arrachées des bras de
leurs parens. Généreuse Prienne , sois
florissante ! Dieux protecteurs ! éloi-
gnez de cette ville pure le fléau de
la guerre et celui de la disette ! O
Prienne ! oui , plus que Milet, Éphèse,

Smyrne , tu es la gloire de l'Ionie.
Nous ne prononcerons désormais ton
nom qu'avec un saint respect. Nous
y joindrons, toujours, celui de Bias,
quoique ce sage ait fait promettre à
nos ancêtres de le taire : il ne faut
pas que la modestie fasse tort à la reconnoissance. Prienne et Bias ! recevez nos hommages de chaque année.
Et toi, Prienne ! subsistes encore
long-tems, plus long-tems que ces fleurs
d'*immortelles*, aussi long-tems que le
souvenir de tes bienfaits et de ceux
de Bias que tu as nourri »

Le nom de Bias m'intéressoit, non
seulement par la réputation de sa
sagesse, mais encore à raison des
rapports que je savois avoir existé
entre lui et mon aïeul, Anacharsis.
L'un et l'autre avoient assisté au banquet des sept Sages , chez le roi

Périandre, à Corinthe. Je m'approchai d'un vieillard, qui m'avoit paru fort attentif à l'hommage des deux jeunes filles, et je lui en demandai le sujet.

Il me répondit : « à bon droit, celui-là (Bias) a été proclamé sage par toute la Grèce : écoute ce trait de sa vie ; il réconcilieroit avec l'espèce humaine le misanthrope le plus farouche. Tu as vu ces deux jeunes filles ; elles sont de la ville de Messana, colonie des Achæens, dans l'île de Trinacrie. Au tems de Bias, deux sœurs de la même ville, mères en-suite ou aïeules de ces deux étran-gères, alloient accomplir un vœu à Delphes, sous la conduite et dans le vaisseau d'un ancien ami de mon père. Des pirates pillent le navire, massacrent notre ami qui faisoit résis-

tance, et enlèvent les deux sœurs. Bias
revenoit de Delphes et regagnoit ses
foyers; il se trouve dans une rade
en même-tems que les pirates, qui
vantoient beaucoup l'importance du
butin qu'ils avoient fait. Bias rachete
aussitôt les deux prisonnières et les
conduit dans sa maison, où elles se
trouvèrent comme dans la maison
paternelle. Rien ne leur manqua;
éducation, entretien, nourriture.
Cependant, l'on étoit à Messana, dans
la plus cruelle inquiétude. Phanodicus,
c'est le nom du père de ces deux
captives, et les jours et les nuits,
pleuroit déjà la perte de ses deux
bien-aimées. Dès que l'occasion d'un
vaisseau se présente, elles instruisent
leur père qu'elles sont à Prienne,
chez Bias, le sage. Phanodicus avoit
en outre un fils; il l'envoit aussitôt

sur

sur un vaisseau qu'il charge, pour
payer la rançon de ses deux filles,
le prix de leur nourriture, et tous
les soins qui leur ont été prodigués.
Bias ne voulut accepter ni rançon,
ni dédommagement. *Je me suis payé*
d'avance, dit-il au jeune homme,
par le plaisir que j'ai goûté et que
je ressens encore d'avoir fait le bien.
Hâtez-vous d'aller rejoindre un père qui
compte les instans, et laissez le reste
aux Dieux. Le vertueux Bias les ayant
pressé de partir, ils ne voulurent
pas quitter Prienne, sans rendre une
action de grace à leur bienfaiteur et
à la ville qui l'avoit vu naître. Depuis,
leurs parens et amis ont continué,
chaque année, de venir avec deux
jeunes filles au moins, renouveller
leur action de grace ; et, tant que
Bias vivoit, celle des deux, qui avoit

D

prononcé les paroles de leur reconnoissance, les terminoit, en adressant
ces mots à tout le peuple qui les
environnoit : *étrangers, parlez de nous à
Bias*. Ces étrangères continuèrent leur
route vers le port ; tout le peuple les
suivit, et moi j'entrai dans la ville.

Quelques jours après, j'eus occasion
d'y rencontrer le même vieillard qui
m'avoit appris l'anecdote des Messaniennes, et le sujet de leur voyage. Il
m'apprit beaucoup de choses sur le
compte de Bias.

Il savoit le poëme que ce sage avoit
composé sur l'art d'être heureux. Bias
n'avoit fait cet ouvrage que pour les
habitans de l'Ionie. Il étoit d'environ
deux mille vers : Bias n'avoit jamais eu
le tems de revoir cette production.
Il l'avoit écrite d'abondance de cœur,
pour ses compatriotes seulement, et

ne la faisoit point lire à des étrangers.
J'en ai copié les premières lignes ;
les voici :

« *Bias*, fils de Teutamus, et citoyen
de Prienne, adresse à tous ses compatriotes, les habitans de l'Ionie, ces
derniers conseils de l'amitié sur la
manière de vivre heureux, ou de bien
vivre ; car c'est une même chose.

Mes amis, l'on vous a parlé des
Dieux ; *rapportons-leur tout le bien qui
se fait dans le monde*, nous dit-on.
Et le mal qui se fait dans le monde,
à qui faut-il donc le rapporter ? est-
ce encore aux Dieux ? Mortels ! pour
parler des Dieux comme il convient,
attendez qu'ils s'expliquent eux-mêmes.
Les Dieux n'aiment point qu'on les
devine, ou qu'on cherche à surprendre
leurs secrets : on les honore davantage
par la discrétion et le silence. Rendons-

leur cependant des actions de grace
de ce que nous n'avons pas besoin de
les comprendre pour être heureux.
Avant de moissonner son champ , la
nature n'exige pas de l'agriculteur
qu'il connoisse les mystères de la
reproduction : *laboures* , lui dit-elle ,
je me charge du reste : que t'importe
ce qui se passe au-dessus de ta tête.
Fils de la terre! marches droit ici bas,
sans regarder si quelqu'un, là-haut ,
t'applaudit ou te menace.

Ne demandes point la santé aux
Dieux; ils te répondront : la santé ne
dépend que de toi seul : sois sobre.

Ne dis point aux Dieux · donnez-moi
des richesses ; les Dieux te réplique-
ront : nous n'avons rien à donner ; tout
est à la nature , et l'homme en fait
partie. Travailles pour acquérir: l'indi-
gence est le fruit amer de la paresse. »

Voici un autre fragment du même poëme , relatif au bonheur qu'on se prépare en servant sa patrie.

« Il est plus d'une manière de servir la patrie ; il est plus d'une sorte de courage pour la défendre. Attaquée au dehors , elle a besoin de toute la valeur du soldat : déchirée au dedans , il lui faut des citoyens d'assez de force pour lui dire la vérité au milieu des poignards , et lui découvrir ses plaies , en présence même de ceux qui méditent de lui porter de nouveaux coups. Habitant de la paisible Ionie! si jamais les troubles politiques viennent agiter ton pays , aies l'œil ouvert sur toutes les trames , et publies hardiment tout ce que tu en auras vu. Que le vrai , seul , te soit sacré : l'erreur n'est jamais bonne à rien : il n'est point de mensonge offi-

D 3

cieux ; le salut de l'état veut qu'on dise la vérité. Celui-là est mauvais citoyen , qui enchaîne sa pensée. Dis tout ce que tu sais , tout ce que tu comprends ; désignes le législateur ambitieux, le magistrat prévaricateur. Entouré de factions , dévoiles-les toutes. Toutes seront tes ennemies ; pour te sauver de l'une , tu ne pourras te réfugier dans l'autre. Sois une victime dévouée au bien public : il y a une sorte de bonheur dans ce véritable héroïsme......

...... On est heureux , non pas en flattant tous ceux qu'on rencontre , aux dépens de la vérité , mais , au contraire , en disant la vérité à tout le monde. Il est facile de prouver à ceux même qui la redoutent le plus , qu'ils n'entendent pas leurs intérêts en s'y refusant , et que c'est parce qu'on les aime , parce qu'on voudroit les rendre meilleurs ou parfaits , qu'on ne tait point leurs défauts et leurs vices. Un homme vrai ne peut déplaire qu'au méchant qu'il démasque.

Ioniens ! quand on vous dit de vous étudier à plaire à tout le monde , on n'y comprend pas le méchant : sa haine honore. Mais , tôt ou tard , on se fait des amis de ceux-là même auxquels on a dit les vérités les plus amères ; quand , avec le tems , il est prouvé qu'on leur a parlé ainsi , par amour pour la vérité et par attachement pour eux. Le tout est de rendre aimables les vérités , même les plus fâcheuses ; et pour cela, il ne faut d'autres soins que ceux d'un ministre d'Esculape auprès de ses malades : sitôt qu'il les a rendus à la santé , ils

deviennent tous ses amis , et finissent
par caresser la main cruelle qui d'abord
les fit tant souffrir. »

Je serois bien long encore si je
voulois rapporter tous les passages
qui me parurent remarquables ou
utiles dans ce poëme du bonheur :
mais Eias étoit orateur , bien plus
encore que poëte ; c'est pourquoi je
dois préférer de transcrire ici un
lambeau de l'un de ses discours.

Il avoit à défendre un ami calom-
nieusement accusé , dans un tems où
la calomnie n'étoit pas assez abhorrée,
quoiqu'elle fût dévouée à des peines,
par des lois presque tombées en dé-
suétude. Voici la manière dont il les
rappeloit à ses juges :

« Les délateurs de mon ami ,
confondus par l'évidence des faits que
j'ai cités, voudront échapper à la peine

décernée contre les calomniateurs. Ils s'autoriseront peut-être de l'exemple du sage peuple d'Athènes, qui ne le fut pas toujours. Athènes, devenue république, éleva en effet une statue à la calomnie. La calomnie, dirent-ils, n'est que l'excès de l'amour de la liberté ; elle est la sauve-garde du peuple; elle tient les yeux ouverts sur l'ambitieux hypocrite ; et le citoyen qui en est frappé, doit bénir ses coups, et en faire un sacrifice au bien public.

Les accusateurs de mon ami, se targuant de ce grand exemple, oseront peut-être vous demander un salaire, au lieu du châtiment qui leur est dû. Ministres de la justice, écoutez le dé-fenseur de l'innocence qu'on a voulu flétrir : accordons, pour un moment, que la calomnie fût chose utile pour le bien public; mais est-elle chose

honnête , et peut-on en asseoir les
fondemens d'une république sur ce
qui n'est pas honnête ? Jamais on
ne fera croire à la ville de Prienne ,
célèbre par l'esprit de sagesse et d'é-
quité qui anime tous ses habitans ,
qu'on puisse aller à la vertu par le
chemin du vice. Calomnier un grand
homme, ou un bon citoyen, pour l'em-
pêcher de devenir l'idole de son pays,
est un mauvais moyen. La calomnie
découverte ne le rendra que plus inté-
ressant et plus adoré. Malheur à un
peuple qu'on ne peut guérir de son
insouciance pour la chose publique,
ou de son penchant à l'idolatrie, qu'à
l'aide de la calomnie. La calomnie
ne fait que décourager les uns ,
aigrir les autres : elle apprend à ne
rien respecter : elle flétrit tout ce
qu'elle touche : elle bannit la confiance

d'entre les citoyens : elle les tient sans
cesse en haleine les uns contre les
autres. La calomnie est l'arme chérie
des envieux ; elle corrompt l'opinion
publique ; elle égare la postérité.
La calomnie n'est bonne, n'est utile
qu'aux ambitieux, bien loin qu'elle
puisse leur servir de barrière.

« La calomnie est – elle une vertu
en morale ? répondez, lâches calomniateurs de mon ami ?..... Vous vous
taisez ! vous n'osez pas avancer que
la calomnie soit une vertu en morale ?
inconséquents ! mal-intentionnés que
vous êtes ! et vous en faites une vertu
dans la république ! comme si les
vertus d'une république n'étoient pas
les mêmes que celles de la morale ;
comme s'il pouvoit y avoir liberté sans
mœurs. Blasphémateurs de la vertu !
profanes ! hors d'ici ! allez hors des

murs de Prienne colporter vos poi-
sons! Périsse cette cité toute entière,
plutôt que de consentir à devoir sa
conservation à la calomnie! jamais on
ne lui persuadera de devenir infâme
pour rester libre. »

Le bon sens de ce vieillard, la viva-
cité de son esprit, la naïveté de ses
récits, m'affectionnèrent à lui. Je l'in-
terrogeai sur les antiquités et sur tout
ce qui pouvoit entrer dans l'objet de
mon voyage. Ce qui me parut le plus
essentiel à entendre et à conserver,
fut la tradition sur le banquet des sept
Sages, telle que l'avoit transmise Bias,
qui en étoit.

J'avois ouï parler, avec une mysté-
rieuse admiration, de ce célèbre repas
donné par le roi Périandre, aux sept
Sages de la Grèce. J'en ignorois la
cause,

cause , l'objet et les effets. Voici ce
que m'en apprit le vieillard :

De toutes les manières dont on
raconte l'origine de ce banquet , on
doit s'arrêter à celle-ci. Un vase ,
ou un trépied d'or , ouvrage recom-
mandable de Bathyclès , et qui avoit
appartenu à la fameuse Hélène , dont
la beauté fit tant de mal aux hommes,
fut jeté à la mer , on ne sait trop
pourquoi. Retrouvé dans les filets
d'un pécheur , il devint un sujet de
querelle. Le différend est porté aux
magistrats de Milet : ceux-ci en réfè-
rent à l'oracle de Delphes, qui renvoit
aux Milésiens le vase d'or , avec cette
subscription : AU PLUS SAGE. Tous les
yeux se fixèrent sur THALÈS ; mais
il renvoya l'offrande à PITTACUS : celui-ci l'adressa à CLÉOBULE. Après
six refus , elle se trouva dans les

E

mains de SOLON, qui la fit remettre
à son premier possesseur désigné,
THALÈS. Celui-ci, en terminant ses
courses, la consacra dans le temple
d'Apollon–Isménien, à Thèbes, où elle
est encore, je crois. La Grèce décerna
le nom de SAGES aux sept personnages qui ne s'étoient pas jugés dignes
d'en être l'objet. Les Grecs, qui ne
passent point pour être modestes,
saisirent cette occasion, pour montrer
qu'ils savent du moins honorer, dans
les hommes illustres, la modestie.

Cette anecdote fit autant de bruit
qu'une révolution. Plusieurs souve-
rains, qui n'avoient peut-être jamais
pensé à aucun des sept Sages, secrè-
tement jaloux de voir qu'ils alloient
partager avec eux les cent bouches
de la renommée, voulurent comme
s'attacher à cette gloire, ou avoir

l'air d'en protéger le premier dévelo-
pement. D'autres princes conçurent
le projet perfide de rendre les sept
Sages complices de leur tyrannie,
en les appellant à leur cour, et
leur proposant de vivre familièrement
avec eux.

Périandre, roi de Corinthe, alla
plus loin, et si loin, que son nom
grossit, sur quelques listes, le nombre
des sages de la Grèce : il ne lui en
coûta qu'un banquet. Les sept Sages
se rendirent tous à l'invitation de
ce tyran, dans l'intention de l'ap-
privoiser : c'est tout ce que des
étrangers pouvoient raisonnablement
tenter. . . . .
. . . .
. . . .

Les traditions ne sont point d'accord

sur les personnages qui assistèrent à ce banquet. Les sept Sages y étoient. Il y a eu des méprises sur le nom de quelques-uns d'entre eux ; mais , au vrai, ce sont Bias , Thalès , Pittacus , Solon qui , peut-être , à trop vécu , Myson , Cléobule et Chilon.

Quant aux autres convives , que Périandre avoit accueillis, on y remarqua , après Ésope de Phrygie , et divers autres , ANACHARSIS , fils de Gnurus, descendant de la Grèce, par le sang maternel , et scythe d'origine ; ayant tout à la fois l'urbanité et l'énergie que ses deux Patries offrent séparément. De retour dans ses montagnes, il y périt.... , victime de l'ignorance et de la fureur du peuple, que l'envie trouva moyen de soulever contre lui. Moi , son petit - fils , échappé à une foule d'ennemis qui craignoient mon sang et me tenoient dans l'oppression , je recherche les amis qu'il se fit dans la Grèce ; je recueille et je consigne , par écrit , les instructions que son éloquence donnoit oralement aux peuples in-dépendants du Mont–Taurus ; et , si l'envie me reproche un jour cette généreuse vengeance ; si, à mon tour, je succombe victime des erreurs du peuple , et de l'ambition cruelle de ceux qui le gouvernent , mes écrits , comme des semences d'abord enfouies , feront germer les arts , les connoissances et les vertus , sur le sol où reposent déjà les cendres de mon aïeul , et qu'on aura rougi de mon sang.......

Je reviens au banquet : Périandre l'avoit fait préparer hors la ville , dans un petit palais , sur le port Lécheon,

près d'un temple consacré à Vénus.
Il envoya des chars au-devant des
convives, pour leur épargner les fa--
tigues de la marche ; mais les Sages
refusèrent d'y monter. Ésope, s'étant
le premier présenté au tyran, celui-ci
lui demanda : *que font les Dieux dans
l'Olympe ?* ILS ABAISSENT LES CHOSES
HAUTES, ILS ÉLÈVENT LES BASSES,
lui répondit Ésope.

Je passerai sous silence une infinité
de propos, moins dignes d'être rap-
portés. Je ne dirai pas même tout
ce qui mérite de l'être ; mais je dois
noter que, durant ces propos oiseux,
la jeune et vertueuse Cléobuline,
fille du sage Cléobule, de Lindus,
venue avec lui au banquet, s'empara
d'Anacharsis, et ne le quitta point
qu'il ne lui eût fait le tableau des
mœurs scythes : en l'écoutant avec la

plus grande satisfaction , elle passoit ses doigts dans la chevelure de ce jeune étranger.

Les mêts ne furent point recherchés ni en trop grande profusion, Périandre voulant, pour cette fois, s'accommoder au caractère de ses convives. Il eut même le soin de retrancher dans le costume de Mélissa , sa femme, et la fille du roi d'Épidaure, tout ce qui auroit pu rappeler le faste des cours : sa tête n'avoit pour ornement qu'un chapeau de fleurs. Il renvoya aussi de bonne heure les cantatrices et les joueurs d'instrumens. Ensuite , après quelques propos sur les flûtes phrygiennes, on proposa une énigme qui étoit envoyée par le roi Amasis. On avisa de lui adresser, en échange, quelques avis utiles. Chacun s'empressa alors de lui payer son tribut.

Solon dit : qu'un roi, en montant sur le trône, devoit modifier son pouvoir et y faire sagement participer le peuple.

Bias : le meilleur conseil à donner à un prince qui s'élève au trône, c'est de se déclarer le premier sujet des lois de son pays.

Thalès : un roi doit se dire fortuné, quand il meurt dans son lit ou dans un âge avancé.

Anacharsis : le droit incontestable à la suprême puissance, seroit de prouver qu'on est le plus sage de tout un peuple.

Cléobule : la condition des rois est misérable ; c'est de ne se fier à personne.

Pittacus : un prince ne peut dormir

tranquille, que quand il a amené ses peuples à craindre, non pas sa personne, mais pour sa personne.

Chilon : pour être grand prince, il ne faut rien voir autour de soi, mais seulement interroger la postérité.

Le roi Périandre, après s'être fait prier de parler, quand son tour fut venu : vos principes dégoûteroient du trône l'ambitieux le plus aguerri.

Ésope : j'ai cru que les sages étoient ici comme amis et conseillers du prince; et les voilà, je crois, ses accusateurs et ses juges.

Solon : un prince sera modéré, quand il saura que mieux vaudroit de n'être pas prince.

Ésope : voici un oracle d'Apollon.

Heureux le peuple qui n'obéit qu'à l'indice qu'un officier lui fait de la loi ; mais où est-il ,-ce peuple , et qui voudra y croire ?

Solon : je vous montre Athènes ; elle n'a d'autre maître que la loi.

Ce sujet grave fit naître plusieurs questions agitées entre Nioclès-l'Augure, le médecin Diodémus , et quelques autres. Mnésiphilus, athénien et grand partisan de Solon , ramena la conversation sur le gouvernement populaire. Bias la rappela sur un autre objet. « Peu d'hommes sont appelés , dit-il , à juger au sénat ou sur le trône : la foule des mortels n'a qu'une famille , un ménage, une maison à gouverner. »

Esope : il faut , pour les maisons, excepter Anacharsis et tous ses compatriotes : ils sont toujours dans leurs chars comme le soleil. (1)

Anacharsis : et , comme le soleil , ils sont indépendans : chaque Scythe porte tout son bien avec lui , comme Bias.

Chaque convive dit sa sentence sur le gouvernement domestique. Delà quelques principes sur le gouvernement du peuple , par un seul. Chilon rappela à ce sujet un mot de Lycurgue : « un citoyen lui conseilloit d'établir , à Sparte , le régime populaire : volontiers , lui dit-il , quand ta maison m'en aura donné l'exemple. »

Périandre n'eut point d'avis sur cette matière : il prit une large coupe

---

(1) Les Scythes n'habitent point de maisons ; ils n'ont que des charriots.

et but au dernier opinant, qui la donna à son voisin pour lui faire parcourir la table.

Le poëte Chersias demanda qu'on spécifiât la somme de biens suffisante à l'homme.

Ami Chersias, répondit Cléobule, distinguons le fol et le sage; la mesure des biens convenable à celui — ci est connue; il la règle sur ses besoins naturels. Quant à l'insensé, écoutes une fable que racontoit ma mère à mon puîné.

« La lune pria sa mère un jour de lui tisser une robe qui allât bien à sa taille. — Comment cela est-il possible, ma fille, à toi qui, dans le cours de chaque mois, es tantôt pleine et ronde comme une sphère, et tantôt te mets en croissant et n'offre plus que

que la forme d'un arc ? il te faudroit donc autant d'habits que tu changes de phâses ? »

Il en est de même de l'homme insensé, se laissant aller à ses caprices, qu'il prend pour des besoins.

Diodémus répliqua : mais vous-même, sages illustres, vous n'avez point départi les biens par portions égales entre vous : comme parmi le reste des mortels, parmi vous, les uns ont plus, les autres ont moins.

Médecin ! lui répartit Cléobule, c'est que la nature, comme un tisserand habile, distribue les fils de sa trame selon qu'il est nécessaire. Ici, ils sont plus forts et plus serrés ; là, plus foibles et plus lâches. Prescris-tu la même ordonnance à tous tes malades ?

On parla de la nourriture et des

F

alimens qu'on y destine chez les
hommes ; delà une discussion sur les
plaisirs de la table, que plusieurs
vouloient proscrire.

Diodémus : je ne suis pas tout-à-fait
de l'avis du sage de Crête. Supprimez
la table, il n'y a plus de société, plus
d'hospitalité, plus d'amitié ; c'est nous
priver de toutes les douceurs de la vie
humaine. J'accorde que les plaisirs de
la table entraînent beaucoup de soins ;
mais si l'homme pouvoit exister sans
manger, que deviendroient l'agriculture et tous les arts dont elle est la
mère ? dans quel état de dégradation
verrions-nous le sol qui nous porte ?
Quelques fruits acerbes, des brous-
sailles infécondes. Le globe retour-
neroit bien vîte au chaos d'où il a
été tiré. Et le culte des Dieux,
qui s'en occuperoit ? Quel intérêt

resteroit – il à se les rendre favo-
rables ? Invoqueroit-on le Soleil, père
des saisons ? encore moins Phœbé sa
sœur. Jupiter, qui donne les pluies
nécessaires aux semailles, n'aura plus
d'autels ; ni Cérès, puisqu'on ne mois-
sonnera plus ; ni Bacchus, le patron
des joyeux buveurs, puisqu'on ne
fera plus vendange. Quelles offrandes
aurions-nous à leur présenter ? L'autel
resteroit aussi nud que la table ; les
feux de l'amour et ceux de l'hymen
s'éteindroient.

Dioclès fut du même avis.

Solon eut une opinion contraire.
C'est une affreuse extrémité, dit-il,
de ne pouvoir vivre qu'aux dépens de
la vie d'autres êtres, qui ont mêmes
droits que nous au bienfait de l'exis-
tence............... Si nous pouvions,

sons avoir besoin d'un banquet, être toujours, ainsi que nous nous trouvons en ce moment, la tête couronnée de fleurs, l'âme dégagée de toutes les importunités de son envelope oppressive, nous sentir disposés aux épanchemens de l'amitié, aux plaisirs de la raison, aux jouissances que donnent une vérité découverte et la contemplation des merveilles de la nature ! .... Mais Diodémus est d'avis que l'on mange; ce besoin lui paroît nécessaire, pour sacrifier sur l'autel des Dieux, et se réunir à table parmi des coupes de vin. J'ai aussi entendu dire aux Messeniens : s'il n'y avoit point de guerre, comment pourrions-nous adorer le dieu Mars ? Si la paix régnoit sur la terre et les mers, que deviendroit l'architecture militaire et navale ? Quel malheur ! s'il n'y avoit ni maladies ni malades ; il n'y auroit plus de prêtres à Esculape ; on ne sauroit que faire de toutes les plantes qui sont remplies de nectar.

Bias fut de l'avis de Solon : Diodémus nous prend pour cet esclave qui, habitué à porter une chaine, ne sut plus que faire de ses pieds et de ses mains, quand on les lui mit en liberté. Le premier usage qu'il en fit, fut de se battre lui-même ; naïve image des premiers pas d'un peuple à la liberté.

L'arrivée inattendue de Gorgias, frère de Périandre, donna une autre pente à la conversation : ses propos oiseux sont inutiles à rapporter.

« Ainsi, » ajouta le sage vieillard qui me racontoit tous ces faits, « ainsi se termina ce banquet, devenu beaucoup

F 3

trop célèbre. Après une libation aux
muses, les sept Sages se séparèrent;
et le roi Périandre reprit, comme
auparavant, ses principes de tyrannie.
Ce n'est pas dans un festin que les
despotes se corrigent; et, malheureu-
sement, ni les sages, ni les grands, ni
les peuples, ne sont en pouvoir de
gouverner ceux qui gouvernent mal.
Voici l'histoire de l'homme, vis-à-vis
les gouvernemens : souffrir comme
une brute, ou se venger comme un
animal féroce. »

« Les mêmes Sages , rassemblés
encore une fois à Delphes, dans
le temple d'Apollon, ne réussirent
pas mieux à établir solidement leurs
principes. Ils en furent pour leur
voyage. Chacun d'eux, avant d'en
partir, écrivit sa maxime favorite sur

les colonnes du temple ; mais le tems
les eut bientôt effacées, les ministres
d'Apollon ne s'étant point occupés de
les conserver. »

Faut-il donc renoncer à l'idée de
la perfectibilité des hommes ? m'é-
criai-je. Faut-il chercher à ne
plus vivre que pour soi, ou tout au
plus pour un petit nombre d'hommes
autour de soi ? Après de longs voyages,
entrepris pour ma patrie, je lui donne
les conseils que je crois les plus utiles ;
elle ne m'en tient pas beaucoup de
compte : n'importe, j'ai fait mon devoir.
Si je ne puis servir la chose publique,
je me dédommagerai, en défendant
quelques opprimés. Cette gloire est
moins brillante, mais plus certaine.
Je me bornerai au culte paisible des
muses. Adieu vieillard, successeur de

Bias , dans Prienne : souviens – toi
quelquefois du jeune Anacharsis.

FIN DE BIAS , SAGE DE PRIENNE.

SECONDE FONDATION

DE

PAPHOS.

SOMMAIRE.

Corruption des mœurs de l'ancienne Cypre : dessein de Pygmalion pour s'y soustraire : sa Statue : son Vœu. Tentative de la jeune Paphos. Merveilleux de son aventure. Nom de Paphos donné à la ville de Cypre : changement momentané des mœurs.

SECONDE FONDATION

D E

P A P H O S.

L E second fondateur de Paphos,
si l'on en croit quelques sçavans, est
un artiste appelé Pygmalion. La capitale de Cypre (1) n'avoit encore
d'autre nom que celui de l'île même:
un statuaire des plus habiles, idolâtre
de son art, plus idolâtre encore de la
belle nature, dans toute sa pureté,
étoit, chaque jour, révolté de la conduite des Cypriens, ses compatriotes:
les femmes, surtout, excitoient sa
généreuse indignation.

Un jour, ayant fait choix du plus

(1) Aujourd'hui Chypre.

beau marbre qu'il peut trouver , il l'entre dans son atelier, s'y renferme, résolu à n'en plus sortir : il prend son ciseau et se dit :

« Jeunes beautés de Cypre ! puisque vous persistez à rendre à Vénus un culte infâme, qui dégrade votre sexe , et rend inutile le nôtre , je renonce à vous. »

« Avec mon talent, je saurai me suffire à moi-même. Oui : réalisons l'idée que j'ai conçue : mon ciseau peut seul me donner , me créer une compagne , telle qu'il la faut à mon cœur : ne pouvant me résoudre à présenter mes vœux à une *tri....* , je renverrai mes hommages au simulacre que je vais tracer : il représentera , sous les traits d'une parfaite beauté, toutes les vertus exilées de ma patrie. J'aime mieux être l'amant d'une

belle

belle statue que d'une beauté flétrie par des goûts et par un culte contre nature. — Mettons-nous à l'œuvre. »

Pygmalion se livre tout entier au travail : sous son ciseau, dirigé par son œil créateur, le bloc se revêt des formes les plus heureuses : une figure de femme en prend la place ; il ne lui manque que l'étincelle de la vie. Elle a pour elle tout le reste.

L'inimitable empreinte de l'innocence est sur son front : si l'éclair de la pensée brilloit dans ses yeux, ils exprimeroient les plus purs sentimens, les plus douces affections de l'âme : les contours du visage et des autres parties de ce corps inanimé sont modelés sur ce que la nature a produit de plus parfait. Pygmalion s'est surpassé ; il contemple avec admiration son chef-d'œuvre.

G

« Oui : c'en est un , dit-il, » jamais
rien de si beau n'est sorti de mes
mains ; je ne me fais point illusion :
une vanité impardonnable ne m'aveugle
pas. Jeunes Cypriennes , que ne res-
semblez - vous à cette statue ! que
n'avez-vous ce maintien décent, cette
aimable ingénuité , ce charme indé-
finissable que vous avez perdu , et
que vous ne recouvrerez jamais !

Jaloux déjà , il jete un voile sur sa
statue , avant de quitter son atelier.
Il se rend au port. Il fait nuit : dans
son enthousiasme il s'écrie , en se
tournant du côté de la mer :

« Vénus-Uranie ! (1) chaste déesse
de la beauté , toi dont on déshonore
les autels par d'indignes sacrifices ,
exauce mes prières, accordes-moi une

_____

(1) Ou *Vénus-céleste*, Divinité des anciens
Sages.

épouse toute semblable au modèle que mon ciseau en a tracé. »

Après cette courte invocation, accablé déjà de fatigue, épuisé par le travail, il s'abandonne au sommeil, peut-être, avec le pressentiment que Vénus daignera lui répondre dans un songe bienfaisant.

Au bout de deux heures il s'éveille, et c'est pour penser encore à sa belle statue ; il retourne chez lui, rentre dans son atelier, et, d'une main tremblante, il soulève le rideau qu'il avoit mis sur son propre ouvrage : ô prodige ! ô étonnement ! il n'en peut croire ses yeux ; il y porte la main ; son modèle n'est plus un marbre froid ; il sent sous ses doigts de feu palpiter le sein d'une femme.

Une jeune Cyprienne, nommée *Paphos*, et qui n'avoit encore assisté à aucune des fêtes de Vénus, s'étoit trouvée sur le rivage de la mer, quand Pygmalion y avoit exprimé son vœu, assez haut pour être entendu du milieu des ténèbres. De suite elle étoit accourue chez un ami de cet artiste, lui avoit fait part des dispositions de son cœur pour ce même Pygmalion qu'elle connoissoit, et de la circonstance qui lui offroit le moyen de se donner généreusement à lui. Elle parla avec cette innocence et cette ingénuité qu'on ne peut feindre. L'ami, se prêta à la métamorphose, ouvrit l'atelier de Pygmalion; la jeune vierge, y restant seule, se plaça elle-même, sur le pied-d'estal d'où le simulacre de marbre avoit été enlevé.

« O déesse ! ô Vénus ! » s'écria Pygmalion, ignorant entièrement ce

qui venoit de se passer en son absence;
« ô Déesse! est-il bien possible! » il se
prosterne; puis, se relevant : « j'ose
à peine en croire le témoignage de
mes sens : ne les abuses-tu pas pour
me consoler un moment par une
illusion ? serois-je assez heureux ?... »

La jeune Paphos , interdite elle-
même durant cette scène , fait un
effort : « Oui , vertueux Pygmalion ;
oui , sage ami de la belle nature ,
c'est Vénus-Uranie qui anime pour
toi la naïve Paphos ; elle t'offre un
hymen qui servira d'exemple aux nouvelles races de cette île corrompue :
elles te devront la régénération de
leurs mœurs. »

Toute la ville apprit avec admiration ce fait raconté dans tout son
mervéilleux. L'hymenée de Pygmalion fut annoncé ; on en fit une so-

lemnité publique. La jeune Paphos,
replacée sur le pied-d'estal où Pygmalion l'avoit prise pour sa statue,
fut conduite aux autels de l'hymenée : embellie d'une pudeur , qu'on
n'étoit pas accoutumé de voir , re-
cherchée, au milieu de cette fête, avec
une curiosité religieuse et les regards
de la prévention , elle ne fut point
reconnue pour une Cyprienne ; sa
beauté fut exaltée au-dessus même
de celle de Vénus. Les prêtres accré-
ditèrent ce prodige ; ils instituèrent
à cette occasion une cérémonie an-
nuelle , pour rendre grace à la divinité tutélaire du pays : ils procla-
mèrent, en même-tems, que la volonté
de Vénus-Uranie étoit de donner à la
capitale de l'ile de Cypre le nom de
l'épouse céleste de Pygmalion.

La ville, dès ce moment, fut donc

appelée *Paphos* ; elle a conservé le même nom jusqu'à ce jour ; mais la fondation des mœurs n'a pas eu des effets aussi longs. L'exemple des vertus que donnèrent, pendant leur vie, Pygmalion et Paphos, fut bientôt perdu pour la génération suivante, qui reprit les anciens usages, si elle ne les déprava pas encore.

FIN DE LA SECONDE FONDATION

DE PAPHOS.

VOYAGE

AU

MONT-ÉRIX.

SOMMAIRE.

Origine du temple dédié
à Vénus sur le Mont-Erix ;
passage des pigeons : ac-
cueils qu'ils y reçoivent.
Fête à Vénus : manière de
remplacer la déesse.

VOYAGE

AU

MONT-ERIX.

———————

...... IL nous fallut long-tems gravir
pour atteindre le sommet du *Mont-
Érix*.(1)

La route, nous dit-on, étoit bien
plus escarpée avant Dédale, et le
temple moins magnifique avant le
pieux Énée.

Nous vîmes trois jeunes prêtresses,
toutes trois belles, marcher lente-
ment autour de l'enceinte sacrée ; et
par-dessus la balustrade, jeter à pleine
main de menues graines en dehors.

———————————————

(1) Aujourd'hui *San-Juliano*.

Je demandai la raison de cette espèce de cérémonial à un pontife qui les suivoit.

C'est, me dit-il, pour nourrir les pigeons voyageurs qui, dirigeant leur vol entre l'Asie et l'Afrique, ne manquent pas de s'arrêter sur ce lieu élevé : ils sont dans cet usage depuis un tems immémorial. On doit à leur instinct la fondation du temple (1) et le culte de Vénus-Éricine. A peine les anciens habitans de la contrée eurent-ils remarqué ce phénomène, qui se renouvelle à certaines époques fixes de l'année, qu'ils crurent y voir un commandement de la Déesse de

_____

(1 ` On peut voir la forme de ce temple au revers de quelques médailles de la famille Coridéa, avec les lettres grecques : Ερχ.

lui

lui bâtir des autels sur cette montagne ; et, depuis, les mêmes oiseaux
de Vénus ont fréquenté plus souvent
ces lieux.

Je répliquai au pontife, qui ne s'en
fâcha point :

. *L'accueil qu'ils reçoivent des prêtresses*
explique le phénomène.

Nous pénétrâmes dans le parvis
sacré ; on nous en montra tous les
trésors. Nous rendîmes nos hommages
à la statue de la Divinité, assise sur
un bélier, le chef-d'œuvre de Dédale,
nous assura-t-on. Tout auprès, est une
vache d'or du même artiste, ainsi
qu'un rayon de miel du même métal,
et parfaitement imité : rien de plus
somptueux que les objets qui s'offrirent à nous. Tout ce qui concerne
l'entretien du culte, s'y trouve avec
profusion : les dix-sept plus riches

H

cités de la Sicile , se chargent de tous
les frais.

Ce qu'il y a de plus merveilleux ,
c'est le choix des prêtresses. Il ne
seroit pas possible de trouver , sur le
reste de la terre , une réunion de plus
belles femmes. La deuxième journée,
après celle de mon arrivée, on devoit
solemniser le retour (1) de Vénus
partie pour la Lybie (2), depuis
une semaine. J'attendis pour en
être le témoin , et j'employai le tems
qui me restoit à reconnoître les
côtes de la *Trinacrie* (3). Nous
descendîmes dans les belles car--
rières de marbre ; nous visitâmes le

_____

(1) Ælian. hist. anim. IV.

(2) Ou l'Afrique ; ces deux noms furent
long-tems synonimes.

(3) C'est un des noms de la Sicile.

promontoire *Drépana*, et les marais voisins, où l'on recueille de beau sel ; nous vîmes pêcher le corail et l'ambre ; nous vîmes prendre le Thon, qui est monstrueux dans ces parages. Les habitans de cette pointe de l'île, sont actifs et laborieux ; ils aiment les arts et y réussissent ; ils gravent sur la pierre avec beaucoup d'habileté ; ils exécutent de fort beaux compartimens d'albâtre et de marbre, très-varié, pour les couleurs. La ville de Drépana s'abreuve des eaux que lui fournit l'Érix, où nous remontâmes.

Nous n'étions pas seuls, ni les premiers : beaucoup de Siciliens, accourus dès la veille, avoient passé la nuit dans le bois sacré : je ne vis jamais une aussi grande quantité d'oiseaux de Vénus, de toute nuance. Le tendre roucoulement de la tourterelle et de son ramier , se fait entendre dans tous les bosquets du temple.

On en ouvrit les portes chargées de couronnes de roses et de branches de myrthe : il en sortit une vapeur parfumée, qu'on ne respire pas impunément : une douce langueur s'empare de l'âme.

Un héraut parut, et répéta trois fois cette exclamation :

« Jeunes hommes ! jeunes femmes (1) ! ne vous permettez, pendant les saints mystères , que de douces (2) paroles. »

Des hymnes se firent entendre sur le mode lydien : devant le sanctuaire ,

_____

(1) *Vos o pueri et puellæ jam virum expertæ, Male ominatis parcite verbis.*
          Horat. Ode 14, Lib. III.
(2) *Bona verba.*

on avoit laissé retomber un grand (1)
voile : nous le vîmes se séparer su-
bitement en deux. Un spectacle inat-
tendu, frappa tous les regards : sur
l'autel, à la place du simulacre de
Vénus, Vénus elle-même sembloit
être descendue pour recevoir l'encens
et les vœux du peuple, au milieu du
cercle de ses prêtresses. Parmi toutes
ces beautés, la plus belle avoit été
choisie pour figurer Vénus-Éricine :
la régularité des traits, l'heureuse
proportion des formes, la fraîcheur
du coloris, ne sont pas des titres suf-
fisans pour mériter le suprême hon-
neur de représenter la Déesse ; la
jeune prêtresse doit réunir, à tous ces
avantages, l'intérêt et la grace, et par-

---

(1) Voyage de Sicile par *Brydone.*
T. II, *in-12.*

dessus toutes choses, le sourire aimable qui caractérise Vénus, et met
toute la différence, qui se trouve
entre une belle femme et une belle
statue.

L'illusion fut à son comble. Ce
peuple adorateur y étoit déjà préparé
par tous les accessoires ; il crut jouir,
en effet, de la présence de l'Immor-
telle. J'entendis, autour de moi, de
jeunes époux, même des vieillards,
s'écrier, dans leur ravissement : la
voilà ! c'est bien elle ! ó ! Vénus-
Éricine, que tu es belle ! oui c'est
toi, qui daignes descendre de l'o-
lympe, et visiter l'heureuse Trinacrie.

On ne pouvoit en détacher les regards ; chacun s'empressoit de prendre
son rang, pour faire le tour de l'autel,
et en parsemer les marches de fleurs

odorantes. On ne peut rendre les sensations des premiers momens de cette solemnité : le silence éloquent de l'admiration, enchaîne toutes les facultés. Toutes les jouissances dont l'homme est capable , le spectateur enivré les éprouve en même-tems.

J'observois un jeune Agrigentin, placé à mes côtés : il n'étoit pas le moins ému. Honorable étranger , me dit-il , en me tenant les mains dans les siennes , qui étoient brûlantes : vois ! n'est-il pas vrai que la beauté est chose divine ? ce n'est qu'ici , c'est aux pieds de Vénus-Éricine , que le peuple a raison de croire aux Dieux.

Le voile se resserra : nous sortîmes aussi-tôt du temple pour reprendre la route du volcan (l'Ethna.) Nous nous permîmes cependant encore un

détour pour visiter *Ségeste* et *Panorme :*
la route que nous tînmes est toute
frayée à travers un pays varié et riche
en pâturages.

FIN DU VOYAGE AU MONT - ÉRIX.

ORIGINE

D' ÉPHÈSE.

AVERTISSEMENT.

PLUSIEURS raisons nous portent à croire que les détails, qui vont suivre, sur l'origine d'Éphèse et sur la fondation de son temple de Diane, ne sont pas de l'abbé Barthelemy. La première, est que nous ne voyons aucun motif qui eût pu l'engager à les supprimer. La seconde, est que l'abbé Barthelemy a parlé de la restauration de ce Temple, époque bien éloignée de sa fondation. Quoiqu'il en soit, nous croyons ce morceau très-propre à figurer, auprès du Chapitre d'Éphèse dans Anacharsis. D'ailleurs, il s'arrange parfaitement dans un recueil du genre de celui-ci.

ORIGINE D'ÉPHÈSE.

UN petit peuple, mélangé de Thessaliens et de Grecs, connus sous le nom de BLÉGES, venoit chasser sur les lieux élevés qui bordent la côte maritime de l'Ionie. Un sanglier énorme se présente un jour devant eux. Ils en consacrent d'avance la hure à Diane, si cette divinité les aide à prendre l'animal [1]. Telle est la nature de l'homme; ce qu'il n'auroit pu, en restant froid et sans passion, lui devient facile, quand il se laisse échauffer par un sentiment surnaturel.

Plus aguerris, depuis qu'ils se sont

---

[1] Acad. Insc. Mém. p. 273, tom. 10-12.

rendus favorable, par un hommage, la Déesse qui préside à la chasse, les BLÉGES obtiennent la victoire ; le sanglier tombe sous leurs coups. Ils sont fidelles à leur promesse. La hure promise à Diane, lui est offerte ; ils la suspendent aux branches d'un gros orme, à l'entrée d'une forêt.

L'un des chasseurs, plus industrieux que ses compagnons, creuse le tronc de l'arbre, et parvient à y tracer, grossièrement, l'image de la Déesse. A cette vue, un sentiment religieux fermente dans l'âme des chasseurs. Ils se promettent de revenir, à certains jours, pour y renouveller leur reconnoissance [1].

Telle fut l'origine du temple fameux et de la célèbre ville d'É-

[1] Pausanias, tom, VII.

phèse

phèse [1]. On ne tarda pas à construire quelques cabanes , non loin de l'orme devenu sacré. Les habitans de Smyrne , autre cité voisine , s'empressèrent aussi de bâtir quelques habitations au voisinage de cet arbre. Les Cariens en firent autant de leur côté.

Cependant, le tronc de l'orme restoit toujours le même. On n'osoit point y toucher pour l'embellir ; et sa renommée n'en devenoit que plus sainte. On finit par le croire descendu des cieux. Ces origines datent du siècle de Thésée [2].

Cependant , les saisons ne respectoient point le vieux orme de Diane.

___

[1] Appelée , par les Turcs , FEGENA ; EFESO par les Italiens.

[2] Scaliger, Comment. sur la chronique d'Eusèbe.

Il fallut lui donner un abri. Le premier temple ne fut point un effort de génie, ni un chef-d'œuvre de l'art. Il n'en étoit pas moins fréquenté. L'imagination suppléoit au défaut d'ornemens.

Ce temple, quel qu'il fut, ne put long-tems rester sans ministres. Les prêtres durent chercher à l'embellir. Les Amazones, guerrières, chasseresses et dévotieuses, eurent bientôt fourni aux accessoires du culte. Plus le temple et ses ornemens devinrent remarquables, plus l'affluence qui s'y rendoit fut grande. Les princes le fréquentèrent, et s'offrirent à l'enrichir. Il fut trouvé trop petit, trop rustique ; les meilleurs architectes du tems furent requis, et y déployèrent leurs talens. Ils se sont surpassés dans le dernier plan qu'ils en proposent, et dont ils viennent de jeter les fondemens. La construction de ce nouvel édifice demandera plus de deux siècles. Aucun autre ne pourra s'y comparer pour la grandeur ni la beauté. Toutes les provinces de l'Asie contribuent aux frais de cette dispendieuse et superbe entreprise. Sa consécration a été célébrée avec une pompe extraordinaire , en présence d'un député de chacune des villes qui avoient fourni leur contingent. On a marqué l'époque de cet événement [1] , sur les pierres formant la première assise dans la profondeur du sol, après y avoir fait des libations de lait , de vin et de sang. Beaucoup de victimes y furent immolées comme pour en cimenter les fondations.

Pour rattacher les fondemens au

[1] Mém. Acad. Inscript. tom. XXIX , p. 255.

I 2

sol, on fit usage d'un moyen plus certain; on mêla parmi les matériaux, du charbon pilé et des peaux avec leurs laines. C'est sur ces premières couches, que les pilastres des voûtes souterraines sont assis [1]. On imagina ce procédé, parce que le sol choisi pour l'emplacement du temple, n'est qu'un limon sans consistance. C'est le pied d'une coline, presque toujours baigné par les eaux qui filtrent des lits supérieurs. On s'est déterminé, pour ce site, dans la crainte des tremblemens de terre auxquels ce continent n'est que trop sujet [2]. Quantité de voûtes seront pratiquées, avec art, tant pour soutenir le fardeau énorme de l'édifice,

---

[1] Diogèn. Laert. Aristip.

[2] Plin. Hist. nat. XXXVI, 14.

que pour recevoir l'humidité. Ces berceaux de pierres formeront une sorte de labyrinthe, où l'on courra le risque de s'égarer et de se perdre, si l'on n'a pas le soin de tenir à la main un fil conducteur.

La dépense qu'occasionnent ces fondemens, égalera celle du reste de l'édifice ; il aura de longueur plus de trois cents pas d'homme, et près de cent cinquante en largeur. Le faîte en sera soutenu par cent vingt-sept colonnes cannelées ; chacune d'elles est le présent d'un roi. Il n'est si petit prince de l'Asie, qui n'ait voulu contribuer, en quelque chose, à ce grand monument.

Ces colonnes auront une particularité : elles seront portées sur un pied-d'estal, et ornées de chapiteaux ou de vases. Toute la charpente du faîte sera de bois de cèdre , qu'on dit incorruptible ; et les portes , de cyprès dont on connoît la dureté.

Cypre , m'a-t-on dit encore , fournit un cep de vigne , d'une telle grosseur, qu'il pourra servir d'escalier pour monter sur le comble du temple [1]. Les Cypriens , encore , proposent une autre statue de Diane , sculptée dans un autre cep de vigne. La Déesse ne manquera pas de simulacres : on en offre trois autres , le premier de bois de cèdre , le second d'ivoire , le troisième d'or.

L'emplacement du temple est à l'extrémité de la plaine d'Ephèse , hors de la ville , près de l'une de ses portes , à gauche du grand chemin qui mène à Smyrne , et à la tête d'un

---

[1] . . . .

lac, au couchant. Il sera environné
d'une grosse muraille, la même que
celle de la ville, dans la partie du
septentrion, et qui doit être double
du côté du midi. Dans son enceinte,
seront distribuées quatre cours, une
de chaque côté du temple, et deux
pour y arriver. Un beau portique,
dont les arches seront de brique,
aboutira au lac.

L'exposition du temple est à l'o-
rient. Il y aura des avenues formées
par des sphinx placés de distance en
distance. On est convenu que son
droit d'asyle s'étendra jusqu'à quatre-
vingt pas d'homme de circonférence.
On parle de le porter à deux traits
de flèche. L'esclave, en s'y réfugiant,
recouvrera sa liberté. Heureux les
hommes, si toutes leurs institutions
n'amenoient point d'autres résultats !

La ville est environnée de lacs qui sont le patrimoine des prêtres, et de montagnes, parmi lesquelles on remarque, entre le septentrion et le couchant, le Mont=Calésius qui se prolonge jusqu'à Colophon [1]. Dans les circuits de la vallée on voit le Cayître, rivière, qui forme autant de détours que le Méandre. . . . . . .

. . . .

[1] Ville dont Anacharsis a promis, et n'a pas donné la description. *Voyez l'avertisssment de l'Editeur.*

FIN DE L'ORIGINE D'ÉPHÈSE.